# LOUISE CHARVET

## ENFANT DE MARIE

### 1848-1877

O LYS IMMACULÉ DE LA VIRGINITÉ,

DONT L'HUMILITÉ SEULE A NOURRI LES RACINES,

ET TOI, ROSE DU CIEL, ARDENTE CHARITÉ,

QUI CONNUS D'ICI BAS LES POIGNANTES ÉPINES,


RELEVEZ VOTRE TÈTE UN INSTANT INCLINÉE

PAR LA MORT : CAR JE VOIS, DANS LES HAUTEURS DES CIEUX,

LA COURONNE QU'UN DIEU TRESSE A SA FIANCÉE,

JE LA VOIS SE POSER SUR SON FRONT RADIEUX.

# LOUISE CHARVET

## SIMPLES SOUVENIRS
### dédiés à sa famille.

Heureuses les mères à qui Dieu fait un tel présent, même pour peu d'années! elles doivent se regarder comme favorisées entre toutes.

Nous allons essayer de recueillir les souvenirs de cette vie angélique. Nous n'aurons aucun fait saillant à raconter. Ces pages n'offriront guère d'intérêt qu'aux personnes qui ont connu Louise. Pour elles, ce sera un reflet, bien qu'affaibli, des aimables vertus dont elles ont été les témoins, et le moyen d'en respirer encore de loin le parfum bienfaisant. Tous y verront la preuve que la piété la plus tendre envers Dieu, loin de dessécher le cœur, donne aux affections de la famille plus de tendresse, fortifie l'amitié et nourrit le dévouement.

# I

## Enfance de Louise. — Ses attraits naturels.

Née à Lille le 6 juillet 1848, Louise-Marie Charvet eut le bonheur d'appartenir à une famille où les traditions de la foi sont héréditaires.

Grandissant sous l'œil de sa mère, cette douce enfant n'avait qu'une pensée, lui faire plaisir, la consoler. Elle prétendit plus tard, dans son humilité, avoir été difficile de caractère et emportée, mais personne ne s'en souvenait. Il n'en résulterait d'ailleurs qu'un mérite de plus, celui d'avoir remporté sur elle-même une des victoires les plus coûteuses à la nature.

Au monastère d'Esquermes où elle fut placée, sa santé délicate la forçant à toutes sortes de précautions, elle vivait un peu en dehors des habitudes des autres élèves, qui, la voyant passer recueillie, mais toujours souriante, l'avaient rangée dans la catégorie des *saintes*, titre dont elles décoraient les plus vertueuses de leurs compagnes.

Louise commença dès lors à porter cette vie de soins assujettissants, de prescriptions gênantes qui lui pesa toujours si fort. Obéissante par devoir à l'égard des médecins, elle ne résistait que sur un point, l'assistance à la messe. La messe fut un des attraits les plus puissants de sa vie. Pour elle, tout le confortable d'une demeure, tout le charme d'un séjour aux eaux ou à la campagne, semblait consister uniquement dans le plus ou moins de facilité d'aller à l'église. Ce n'est pas qu'elle fût insensible aux beautés de la nature : ses lettres de voyage en contiennent des descriptions charmantes et pleines d'enthousiasme.

La poésie la charmait aussi, mais uniquement quand elle lui offrait des images élevées ou gracieuses.

Il n'est pas jusqu'aux bouquets que formait sa main d'enfant qui ne révélassent la délicatesse de son goût; laissant à d'autres les fleurs aux nuances vives, aux formes élancées, elle cueillait les plus humbles et les plus délicates qu'on aurait foulées aux pieds sans les voir, et trouvait à y admirer la puissance de Dieu. On remarque chez bon nombre de saints cet attrait pour les fleurs. Louise en ornait volontiers le petit autel qu'elle avait élevé dans sa chambre à la sainte Vierge.

Quant à la musique, Louise, qui l'aimait, ne put, à cause de sa faible santé, la cultiver beaucoup; elle se contentait d'airs simples et expressifs, impuissants pourtant à rendre ce qu'elle éprouvait. Aussi s'en servait-elle surtout comme moyen de faire plaisir aux autres.

## II

**Louise et le prochain.**

Louise avait évidemment reçu de Dieu la mission d'exercer un apostolat modeste, mais fécond, dans la sphère de ses relations ordinaires.

L'amabilité naturelle de son caractère et la grâce de son esprit l'y prédisposaient. Une piété pleine d'onction, et la douceur d'une charité, que l'on sentait sincère, venant s'y joindre, c'était, à la lettre, la bonne odeur de Jésus-Christ s'exhalant d'un cœur plein de Lui, à travers un vase particulièrement agréable. Nul ne l'approchait sans rapporter quelque bonne parole qui, partie du cœur, allait au cœur.

Sa seule présence faisait le charme d'une réunion et en même temps écartait les mots un peu légers et les sujets trop mondains.

Quelle crainte aussi d'avoir en quoi que ce soit blessé la charité ou fait de la peine à quelqu'un! Quel zèle à défendre les absents! « Ne parlons pas d'eux, disait-elle, ils ne sont pas là pour se défendre. » Quel talent de trouver un mot charmant pour excuser les actions les moins excusables, tout en évitant de blâmer ceux qui les censuraient! Si bien que l'on s'est parfois fait un jeu innocent de paraître attaquer le prochain, pour voir comment sa charité s'ingénierait à le couvrir.

Quelle indulgence trouveront auprès de Dieu les personnes qui en ont tant montré pour leurs frères! Nous ne doutons pas que cette paix dont elle jouit durant les derniers temps de sa vie, et qui l'étonnait elle-même à l'approche du tribunal de Dieu, ne fût une première récompense de cette grande charité.

Quand Louise ne pouvait changer le cours d'un entretien où Dieu était offensé, elle se taisait, heureuse d'ailleurs de rentrer dans l'oubli, et s'absorbait alors dans un de ces ouvrages extrêmement fins et délicats qu'elle offrait à ses amies, ou bien elle travaillait pour les pauvres.

Mais quand tout se passait amicalement et chrétiennement, elle retrouvait son animation; ou quand des circonstances particulières amenaient quelque gêne, un peu de froid dans les relations, alors ses efforts pour dissiper ce nuage étaient ravissants. Personne ne montrait plus d'entrain et de gaieté : volontiers elle acceptait qu'on la plaisantât sans jamais en paraître blessée. « Elle est charmante! » s'est-on écrié souvent sans deviner ce qui lui donnait un attrait si doux. « Elle est admirable! » a-t-on dit plus tard en la voyant constamment sereine parmi ses ennuis et ses souffrances, ayant toujours un sourire pour les plus importuns, une conversation aimable pour les visites les plus fades et les plus fatigantes.

Les personnes qui ne connaissaient la piété que de nom, ne pouvaient comprendre cette jeune fille maladive, si douce, si souriante à tout le monde, ne parlant jamais d'elle, prenant une part sincère aux plus petites peines des autres, payant les moindres services des plus affectueux remerciements. Et cette disposition lui était devenue si naturelle que nous l'avons vue, jusque dans le délire de la fièvre, avoir des paroles pleines de gratitude pour les personnes qui la soignaient.

Vouloir expliquer humainement tant de vertu serait se heurter à une énigme. Heureux ceux qui, au flambeau de la foi, ont contemplé dans cette âme le sublime travail de la grâce, qui ont, en un mot, surpris son secret, l'amour divin. Voyons comment cet amour illumina sa vie entière.

## III

### Louise et son Dieu.

Dès sa première communion, Jésus-Christ s'était emparé de ce cœur, en se révélant à lui dans une douceur ineffable. Alors et pendant les années qu'elle passa, comme élève, au monastère d'Esquermes, Louise vivait dans un commerce familier avec son Dieu. Deux ou trois jours de suite après une communion, elle goûtait le sentiment de sa présence.

Elle croyait le voir de ses yeux dans l'Eucharistie, s'imaginant d'ailleurs, dans sa naïveté d'enfant, que tout le monde jouissait des mêmes faveurs. « Surtout les trois jours des quarante heures, disait-elle, oh! que c'était bon!... Dans ce temps-là, Jésus était avec moi comme un ami, et moi j'étais dans la même familiarité avec Lui! »

Elle en eut plus tard du scrupule comme d'un manque de respect envers la Majesté divine. Et toutefois il lui fut toujours impossible d'en agir autrement. Un élan irrésistible lui faisant oublier toutes ses craintes, elle se surprenait de nouveau à employer avec son Dieu les termes de la plus tendre amitié.

Les divines avances de Notre-Seigneur envers cette enfant privilégiée durèrent jusqu'en 1866. Mais dans la suite quel changement! Quand Dieu a des desseins de sanctification sur une personne, au lait de ses consolations il fait succéder bientôt une nourriture plus substantielle et moins douce. « Il s'entend, disait Louise, à s'emparer d'une âme, en lui révélant ses charmes tout-puissants.... Et puis quand elle est *prise*, quand Dieu sait bien *qu'il peut compter sur elle*, il se retire, la laissant seule et désolée, suspendue entre le ciel qui paraît fermé et les biens créés qui ne lui inspirent que dégoût. » Tel est le creuset douloureux où Dieu jette l'âme pour la purifier. Il s'y joint presque toujours des troubles, des scrupules, des tentations diverses, et même la tentation d'abandonner complètement le service de Dieu.

« Par intervalles, disait Louise, il soulève un coin du voile, et me laisse voir que je lui appartiens encore. Alors je retrouve *mon bon Jésus d'autrefois ; nous nous parlons cœur à cœur*, et toutes mes peines sont évanouies en un instant. Mais cette heureuse éclaircie dans mon horizon passe rapidement ; tout rentre dans l'obscurité, malgré mes efforts et mes supplications réitérées pour retenir le cher visiteur. Maintenant mon âme me fait l'effet d'un lieu ténébreux, d'une maison abandonnée dont les volets sont fermés et les maîtres absents. »

Deux choses surtout expliqueront cette apparente sévérité de Dieu envers sa créature.

Elle avait demandé à Notre-Seigneur de lui faire faire son purgatoire en ce monde, et de ne l'en retirer que quand elle serait arrivée au degré d'amour qu'il lui réservait pour toute l'éternité. C'est pourquoi elle devait être dépouillée, non seulement de toute attache terrestre, mais du sentiment même de sa vertu, de la conscience si douce d'être dans l'amitié de Dieu.

Elle s'était, de plus, mise comme une victime volontaire, à la disposition de Notre-Seigneur pour tous les intérêts de sa gloire.

Pour qu'une pareille offrande ne soit pas présomptueuse, elle doit se faire avec conseil et être surtout accompagnée, comme elle le fut chez Louise, d'une profonde défiance de soi-même et du désir d'expier, avant tout, pour son propre compte.

On doit enfin s'être assuré, par des essais nombreux, que

la grâce nous promet les secours nécessaires pour l'accom-
plir : « Il faut y regarder à deux fois avant de s'offrir,
disait Louise à la fin de sa vie. Je ne retire rien de ce que
j'ai donné à Dieu, je suis prête à recommencer ; mais que
la croix est parfois écrasante ! » Hâtons-nous de rappeler
que Dieu ne se laisse jamais vaincre en générosité. Dans ses
épreuves les plus pénibles, cette âme, de son propre aveu,
goûta toujours, au fond le plus intime d'elle-même, une
paix réelle, un contentement tout surnaturel, fruit nécessaire
d'une étroite union avec Dieu.

Les victimes de choix, les victimes plus particulièrement
agréées du Ciel étaient autrefois consumées tout entières sur
l'autel. Ce fut bien ainsi que Dieu parut accepter l'offrande
dont nous parlons. Le corps, l'esprit, le cœur furent con-
sumés ensemble et à petit feu : l'holocauste dura dix ans.

Ce n'étaient pas des douleurs aiguës, mais un perpétuel
malaise. Les soins continuels qu'il fallait prendre et accepter
lui étaient un supplice. Sentir un incessant désir de travailler
pour Notre-Seigneur, et être condamnée par son corps à cette
apparente inutilité ! Pour une âme aussi élevée, se voir
réduite à l'unique et humiliante occupation de soigner cette
prison de boue ! Telle fut la lourde croix dont elle renouvela
tous les jours l'héroïque acceptation, tel fut l'abaissement
profond où Dieu la jeta pour poser en elle les fondements
d'une profonde humilité. Grand exemple de cette vérité que
le vrai mérite n'est pas dans les actes extérieurs, comme
tels, mais dans le renoncement et l'amour qui les anime, et

qu'aux yeux de Dieu le désir est réputé pour le fait. Quiconque se rappelle que le Sauveur a racheté le monde non en parlant ni même en agissant, mais en s'humiliant et en mourant, comprendra que la vie de cette jeune fille a été pleine et féconde devant Dieu.

Cette vocation de victime vouée à l'immolation explique l'inutilité de tous les efforts tentés pour sa guérison ; elle explique aussi comment Louise ne se sentit jamais ni le désir de guérir, ni l'attrait de le demander, ni la confiance de l'obtenir dans les nombreuses neuvaines que l'obéissance lui fit faire. Ces neuvaines aboutissaient invariablement à une aggravation de mal. De Lourdes comme de Spa elle rapporta cette conviction, que sa vocation était la souffrance.

Ce n'est pas qu'elle n'eût été heureuse de guérir pour sa mère, dont l'affection était le seul lien qui l'attachât au monde. Mais la guérison, Louise le sentait intérieurement, c'était l'entrée au couvent, et par conséquent toujours la séparation. Elle se bornait donc à s'abandonner aveuglément entre les mains de Dieu, pour qu'il fît d'elle tout ce qu'il lui plairait.

Cet abandon lui était devenu si naturel que parfois elle s'en étonnait, et demandait avec inquiétude à son confesseur si ce ne serait pas pure lâcheté, indifférence de caractère, ou même endurcissement; mais c'était le fait d'une volonté entièrement fondue dans celle de son Bien-Aimé, et devenue incapable de vouloir autre chose que ce qu'il veut. « *Que c'est singulier*, disait-elle, je dis à ce bon Maître que j'ai

soif de sa visite, et en même temps que je ne la veux pas,
si tel est son bon plaisir, qu'il peut m'en priver aussi
longtemps qu'il le jugera bon et se contenter à mes
dépens..... Je n'y comprends rien moi-même. »

Pour une telle âme, la mort n'a plus rien d'effrayant.
« Comment peut-on la craindre ? disait-elle. Qu'est-ce que
c'est que mourir? Dieu vous ouvre les bras : on s'y jette,
et c'est tout. » Aussi quand, peu de jours avant sa fin, on
lui apporta une relique du vénérable Père de la Colombière,
confesseur de la Bienheureuse Marguerite-Marie, l'engageant
à faire une neuvaine avec promesse, si elle guérissait, de
se consacrer à Dieu : « Pour cela, dit-elle, à moins d'un
ordre de mon confesseur, je ne m'en sens pas le courage.
Quoi ! au moment d'entrer au port, prier pour être rejetée
en pleine mer ! oh ! c'est trop fort. »

## IV

### Louise et ses amies.

« Bienheureux ceux qui sont doux, parce qu'ils posséde-
ront la terre.... » *des cœurs*, ajoutent les interprètes.
Rarement cette promesse fut mieux réalisée qu'en faveur
de notre Louise.

* *

Personne n'eut plus d'amies, ne les aima mieux et ne se
donna plus complètement à elles jusqu'à son dernier jour.
Notre-Seigneur, qui voulait se faire aimer en elle, lui donnait
l'affection dévouée et délicate qui retient les cœurs après
que la douceur des manières et le charme de l'esprit les
ont gagnés.

Elle rendait sensible cette vérité que l'on sait aimer davantage quand on porte en soi l'Amour infini. Avec quelle
puissance d'affection, en effet, Louise s'attachait à ses
amies ! Et son amitié toute céleste n'avait rien de banal.
Pour elle, aimer c'était se dévouer. Elle avait toutes les
attentions, savait s'intéresser à tous les détails de la vie et
se mesurer à toutes les tailles. Le bonheur des autres
devenait le sien, elle le partageait franchement; mais après
l'expression sincère de sa joie, écoutons ce qu'elle ajoute
dans une lettre : « Sers-toi des jouissances qui se pré-
sentent pour t'élever vers Celui qui te les procure. C'est ce
que l'on appelle l'esprit de foi qui fait voir Dieu à travers
les créatures comme le soleil à travers les vitres fragiles.
Ainsi, un beau point de vue, une jolie fleur, une belle
musique qui nous fait à peine pressentir ce que sera celle
du ciel, une œuvre d'art dont l'auteur n'a pourtant reçu
qu'une imperceptible étincelle du *génie* infini de Dieu: voilà,
chère petite, un moyen de sanctifier les choses les plus
agréables à la nature. »

Mais ses préférences étaient pour les moins heureuses.
Leurs peines devenaient les siennes; elle n'avait plus qu'un

souci, celui de les consoler. Voici comme elle écrit à l'une
d'elles :

« Je suis près de toi d'esprit, par la pensée ; de cœur,
par l'amitié et le désir ; d'âme enfin, par la prière, pour
que le bon Dieu te dise quelques-unes de ces douces
paroles si consolantes qu'il sait dire aux siens, Lui qui est
bien le premier et le meilleur des amis.... Il est si bon
pour ceux qui souffrent ! Qui mieux que moi est à même
de le savoir ? Sais-tu, chère petite, tout le secret de pouvoir faire bon accueil à l'épreuve, c'est d'aimer.... Eh !
prends courage en regardant le crucifix. En feras-tu jamais
autant qu'il en a fait pour toi ? Crois l'entendre te dire :
Mon enfant, voilà comme on aime. Sans souffrance, il n'y
a point d'amour. Ne vas-tu pas me payer d'un peu de retour,
et me tenir compagnie sur ma croix ? C'est-elle qui a
ouvert le ciel ! Aussi est-elle le signe de prédilection que
j'envoie à mes meilleurs amis. »

Qu'on nous permette encore une citation. Elle apprend
qu'une de ses amies vient de perdre son premier enfant, et
lui écrit :

« Je viens à toi le cœur bien serré, ma pauvre amie chérie :
me trouvant en ce moment à la campagne, je n'ai appris
qu'hier soir la si poignante épreuve qu'il plaît à Dieu de
t'envoyer. La nuit m'a paru un siècle, tant j'étais impatiente
de prendre la plume et de voler près de toi pour te dire
quel retentissement trouve en moi ta douleur. Je le sais,

les grandes afflictions ne veulent pas être consolées, mais seulement comprises et partagées ; et ce soulagement, je te l'apporte avec toute l'effusion de mon amitié vivement attristée.

» Pauvre amie, que ton cœur aimant doit donc souffrir ! combien il doit être brisé ! A peine a-t-il connu le bonheur de la maternité qu'il lui faut en savourer toute l'amertume. Que tu dois donc être chère à Dieu pour qu'il te donne une aussi large part à sa croix ! combien ton amoureuse résignation doit le glorifier ! Ah ! c'est bien maintenant que tu peux lui dire que tu l'aimes, car par ton *fiat* ne lui donnes-tu pas ce que tu as de plus cher ? Mais au milieu de tes larmes, je t'en prie, amie chérie, regarde le ciel, vois la gloire qui environne ton petit ange, la béatitude dont il jouit, combien il te bénit de lui avoir donné le jour, et quelle protection puissante tu vas désormais trouver en lui !...

» Courage donc, ma pauvre chérie, jamais le bon Maître n'a été plus près de toi qu'en ce moment, jamais son cœur ne s'est ouvert à toi avec plus d'amour ; plonges-y ta peine pour qu'il en ôte toute l'amertume, et n'y laisse plus que la douce onction d'une résignation parfaite. Il veut, en t'unissant à sa croix, établir entre lui et toi la plus tendre intimité ; saurais-tu t'en plaindre et t'y refuser ? Que de fois ne lui as-tu pas dit que tu lui donnais tout, que tout ce qui était à toi était à lui ? Or tel est le bon Dieu, quand on lui offre sincèrement, il accepte et il prend. Il est insatiable de recevoir, parce qu'il est insatiable de donner; il demande beaucoup, afin de pouvoir donner encore davantage. Et quand on lui donne tout soi-même, il se donne tout entier aussi, et en se donnant, il donne tout.... A Dieu donc ton amer sacrifice, tes souffrances, tes larmes, tout est bien entre ses mains, rien n'est perdu; tout fructifie, arrosé par le sang de Jésus-Christ.

» Pourtant la nature est là avec ses défaillances; si tu sens ton courage faiblir, répète la prière de Notre-Seigneur au jardin des Olives, ou quelques strophes du *Stabat Mater*; Marie comprend si bien ton cœur, elle, la Mère de douleurs, elle t'apprendra à souffrir. Ce matin j'ai offert la sainte communion à ton intention, amie bien aimée. N'était-ce pas la plus précieuse consolation que je pouvais te donner? Combien je vais prier pour toi! Tâche d'être courageuse pour ton mari, ta mère, tous ceux qui t'aiment. Ne faut-il pas rétablir cette chère santé si précieuse à ceux qui t'entourent, à celle qui t'écrit. Si L... pouvait m'envoyer ne fût-ce que deux lignes pour me dire comment tu te trouves après ce rude coup, combien je lui en serais obligée, et quel soulagement elle me donnerait! Cet éloignement me pèse tant, et maintenant plus que jamais! Si au moins mon sacrifice pouvait adoucir le tien!

» Je suis effrayée de la longueur de ma lettre, mais j'ai tant de mal à te quitter, pauvre amie chérie! j'expérimente en ce moment combien tu me tiens au cœur : si tu le permets,

* * *

je reviendrai encore bientôt. Tu sais si je te suis unie au pied de la croix.

» Ton amie désolée avec toi. »

Pense-t-on que cette amie modèle recherchât, pour tant de dévouement, le retour d'une compassion affectueuse? Non, c'eût été faire porter sa peine aux autres : elle ne le voulait pas. Elle poussait donc l'abnégation jusqu'à dissimuler ses souffrances, prenant un ouvrage d'aiguille, composant son visage pour déjouer le regard interrogateur de l'amitié toujours inquiète de perdre un si précieux trésor. Et puis, *être plainte*, c'est un soulagement terrestre ; *se plaindre*, c'est le rechercher, c'est, en ouvrant le vase du cœur, laisser évaporer ce que le parfum de la souffrance a de plus suave pour Dieu. Louise renonçait donc pour Lui à savourer le plaisir délicat de se sentir aimée, et se renfermait dans son cœur avec son invisible Ami dont le regard lui suffisait.

Ainsi tout était pour son Dieu. Sa figure, toujours aimable et souriante, semblait vous dire : Aimez-le comme moi ; son joug est si doux et son fardeau si léger ! Et l'on était tenté de lui répondre avec un chrétien de nos jours : « Quel est donc ce Jésus qui ravit, vingt siècles après sa mort, des cœurs de vingt ans, si ce n'est le Maître des cœurs ! » Mille fois heureuses, disait-elle en se trahissant elle-même, les âmes à qui Dieu daigne gratuitement révéler quelque chose de sa bonté ineffable, de sa ravissante beauté ! Alors la vie n'est plus qu'un avant-goût du ciel. Les jours même assombris par l'épreuve, sont encore relativement heureux, car il y a dans les larmes versées auprès du bon Maître une telle onction, que l'on aime mieux mille fois souffrir avec Jésus que jouir sans Lui.

A une autre personne elle adressait, sous ce gracieux titre : *Petites fleurs du Ciel cueillies par un cœur ami et dévoué*, des conseils dont nous transcrivons quelques passages :

« Il faut des ailes à la piété ; ces ailes sont la confiance et l'amour. La confiance doit trouver son aliment dans l'humilité même. Mon Dieu, c'est parce que je ne suis rien, que je n'ai rien, que je viens à vous, qui êtes tout, qui avez tout, qui pouvez tout. Nos misères, ne l'oublions jamais, sont nos vraies richesses devant Jésus-Christ, de même que les haillons du pauvre sont sa richesse devant celui qu'il implore ; ce sont eux qui lui attirent compassion et secours.

» Ces misères, c'est l'engrais qui fait germer en notre âme les fleurs les plus belles, humilité, charité, indulgence, défiance et mépris de soi ; c'est l'huile qui alimente la lampe de l'humilité dans le sanctuaire intérieur.

» Donc jamais de découragement, de dépit ; il faut aller à Notre-Seigneur, après une chute, comme le petit enfant qui s'est blessé se jette dans les bras de sa mère. On n'a pas assez avec Notre-Seigneur ces rapports intimes et confiants qu'autorise l'amour.

» Il faut le regarder comme le meilleur ami à qui l'on

peut tout dire, tout avouer, ses défaillances, ses ennuis, ses dégoûts. On se le figure fort éloigné, et il est là dans le cœur. Ne faisons donc rien sans Lui ; partageons tout avec Lui, les joies pour l'en remercier, les peines pour les accepter. Quelle douceur dans cette pensée : le bon Maître est là ! Il me regarde, Il voit ces efforts que je fais sur moi-même, ce service que je rends pour Lui, cette contrariété que je dissimule pour son amour ; et Il me bénira d'autant plus qu'on le remarquera moins, et que moins on m'en remerciera. »

Même quand elle éprouvait envers Dieu des aridités désolantes, elle trouvait pour parler de Lui une ardeur et une onction qui pénétraient les autres, mais qui lui inspiraient ensuite des scrupules. N'est-ce point de l'hypocrisie ? demandait-elle. Et à voir l'amabilité charmante avec laquelle Louise accueillait tout le monde, qui eût dit que dans ce moment-là même elle ressentait une profonde tristesse, une amertume universelle ?

Ce serait à tort, du reste, qu'on se la représenterait comme s'érigeant en prédicateur. Ne donnant des conseils qu'avec une extrême défiance d'elle-même, étonnée de l'estime qu'elle inspirait, elle cherchait à passer inaperçue ; mais la conversation venait-elle à languir, c'était Louise, toujours enjouée malgré ses souffrances, qui la ranimait.

Et pour être persuadé que cette vertu n'était pas seulement chez Louise l'effet d'un heureux naturel, il suffit de lire la *théorie* qu'elle en exposait, en ces termes, à une amie :

« L'amabilité est la parure de la piété : c'est par excellence l'apostolat de la jeune fille. Mon Dieu, donnez-moi de me faire toute à tous, pour vous gagner les cœurs, à vous, dis-je, car le véritable amour reporte tout vers l'objet aimé.... Enfin, devenir un moyen pour conduire à celui qui, ayant fait le cœur, en mérite seul l'hommage. »

« *L'oubli de soi* est le principal élément de l'amabilité pieuse. Vivre un peu dans les autres, se réjouissant de leurs joies, s'attristant de leurs peines, abordant de préférence les sujets de conversation qui leur plaisent, sachant renoncer à notre satisfaction pour procurer la leur.... tout cela pour Celui qui a dit : Ce que vous faites au moindre de vos frères, c'est à moi que vous le faites. »

Et après avoir tant donné aux autres, Louise semblait s'étonner d'être si aimée. « Merci mille fois, petite amie, de toutes les preuves d'affection que tu me donnes. Je les apprécie ; elles sont comme des rayons de soleil dans mon existence. Le bon Dieu est beaucoup trop bon de m'entourer de telles douceurs. Il met tant de roses sur ma croix qu'elle a presque disparu. »

« Elle remercie, nous écrit l'heureuse personne qui recevait ces lignes, comme si l'aimer n'était pas la jouissance la plus douce, et son amitié l'une des plus précieuses faveurs du ciel ! »

## V

### Louise et l'Eglise.

Quand un cœur s'est ainsi revêtu de la charité du Cœur
de Jésus, on doit s'attendre à le voir ressentir les peines de
tout ce qui souffre dans le monde entier, et désirer, s'il
était possible, de calmer toutes les douleurs et de sauver
toutes les âmes. C'est ce que l'on va reconnaître dans les
intentions auxquelles Louise offrait chaque matin *ses pauvres
mérites* de la journée, en union avec ceux de Notre-Seigneur
Jésus-Christ. Nous copions textuellement :

#### DIMANCHE.

« Jour consacré, sous la protection de la très sainte Trinité,
aux intentions de l'Eglise et du Souverain-Pontife.

#### LUNDI.

» Pour obtenir, sous la protection du Saint-Esprit, l'accrois-
sement de l'amour et de la ferveur chez tous les saints qui
vivent sur la terre, les prêtres, les religieux et les religieuses.

#### MARDI.

» Par l'entremise des saints Anges, obtenir la conversion
des pécheurs et de tous ceux qui sont hors de l'Eglise.

#### MERCREDI.

» Sous la protection de saint Joseph, jour consacré à

obtenir aux agonisants de toute la semaine la grâce d'une bonne mort, et surtout à ces pauvres *solidaires.*

JEUDI.

» Sous la protection de Notre-Dame du Sacré-Cœur, jour consacré à obtenir toutes les grâces nécessaires à mes chers parents et à mes amis.

VENDREDI.

» Sous la protection du Sacré Cœur de Jésus, jour consacré à tous ceux qui souffrent de l'âme, de l'esprit, du cœur ou du corps, pour leur obtenir de comprendre le prix des souffrances, et la pensée d'unir les leurs à la passion de Notre-Seigneur Jésus-Christ pour le salut des âmes.

SAMEDI.

» Jour consacré à toutes les intentions de la sainte Vierge. »

En se rappelant que les journées ainsi offertes à Dieu étaient, dans leur apparente stérilité, une continuelle immolation de l'âme et du corps, on appréciera quelle dut être devant Dieu la puissance de ces intentions renouvelées chaque jour avec ferveur pendant des années entières.

Voyant ce cœur si large, si ému de tous les intérêts catholiques, et voulant la rendre bienheureuse, sa digne mère mit à sa disposition une somme d'argent pour la distribuer au gré de son cœur.

Louise, pénétrée de reconnaissance, fit aussitôt avec joie ses petites libéralités, qui s'adressaient à Pie IX, aux missions

partager avec lui sa petite fortune, » — ce sont les termes de Louise, — le Pape en parut ému : « *Poveretta! (pauvre petite)* dit-il, Dieu l'aura déjà reçue dans sa miséricorde. Pourtant, *anima ejus requiescat in pace!* » Puis il ajouta : « Cette jeune fille était bien *de France.* »

Le religieux sollicita encore la bénédiction de Pie IX pour diverses personnes : « Oui, je les bénis, dit celui-ci, et puis aussi cette jeune fille défunte, je me souviendrai d'elle au saint Sacrifice. »

# VI

### Sa fin.

Cependant on était arrivé au printemps de l'année 1877. La lampe s'éteignait lentement, ou plutôt c'était un grain d'encens se consumant par degrés sous le regard de sa pauvre mère et embaumant la maison de Dieu.

Le dimanche 15 avril, Louise se traîna une dernière fois à l'église de l'Immaculée-Conception pour recevoir son Dieu. Elle ne devait plus retourner dans cette chapelle, où tant de personnes l'avaient vue si profondément recueillie et comme habitant déjà un autre monde.

Est-il nécessaire d'indiquer le secret de tant de force et de courage, la Sainte Eucharistie? « Tout est là, disait-elle à sa mère, c'est à la communion seule que je dois ma résignation ! Elle a été tout mon bonheur sur la terre, elle sera le tien même au milieu de tes larmes. »

Se mettant donc au-dessus du préjugé qui prive un si grand nombre de malades des consolations incomparables que ce sacrement leur apporterait, elle désira communier chez elle aussi souvent que les règlements ecclésiastiques le permettaient. Une telle demande était presque sans précédent. Les statuts diocésains consultés répondirent : Tous les huit jours. Que c'était peu au gré de la malade ! Connaissant la grande bonté de notre Cardinal Archevêque, alors présent à Lille, elle s'adressa à lui avec confiance. Touchée d'une telle demande, son Eminence voulut bien accorder à Louise la communion tous les trois jours.

Accompagné souvent depuis la paroisse par les cousins de la malade portant des flambeaux, Notre-Seigneur vint ainsi treize fois visiter celle dont il était la vie, et la fortifier dans ses derniers combats. Ses parents et ses amies sollicitèrent la faveur d'entourer son lit dans ces moments solennels : « Je ne demande pas mieux, répondait-elle ; plus beau sera le cortège de Notre-Seigneur, plus je serai contente. »

Quel bonheur ces jours-là se peignait sur sa figure ! qu'il faisait bon prier près d'elle, dans le silence et la paix surnaturelle de cette demeure devenue le temple de Dieu ! On disait alors en son cœur : Mon Dieu, vous avez promis d'assister à la dernière heure ceux qui auront voué une constante dévotion à votre Sacré Cœur : qui oserait dire, en face de cette mort bénie, que vous n'êtes pas fidèle à vos promesses ?

Cette âme semblait gagner toutes les forces que perdait son corps. Ceux qui l'approchaient *n'en revenaient pas* de cette sérénité en présence de la mort; on éprouvait auprès d'elle une impression de paix et de suavité qui faisait du bien à l'âme : on sentait Dieu dans cette petite chambre.

Jusque dans les derniers temps, elle voulut, malgré la fatigue, recevoir quelques amies auxquelles ses entretiens étaient utiles. « Qu'importe, disait-elle, que j'use un peu plus tôt ce reste de vie qui va m'échapper, si c'est pour être utile à quelqu'un. Et puis, quand on pense que l'on aura toute l'éternité pour recevoir de Dieu, tandis que l'on n'a que cette vie pour lui donner ! »

Dans ces suprêmes entrevues, elle ne parut plus habiter la terre ou n'y être que comme un hôte céleste exilé pour un moment. « Donnez-moi vos commissions, disait-elle. Que devrai-je demander pour vous là-haut ? Mais il faudra aussi prier pour moi : n'allez pas me laisser en purgatoire.... Nous nous retrouverons dans le cœur du bon Maître.... Mon Dieu, disait-elle encore, que ce doit être dur de mourir quand on a le cœur collé à la terre ! Non, sans le secours de Dieu on ne saurait se résigner à quitter tous ceux qu'on aime. »

On retrouve là toute sa tendresse envers les siens.

Un seul nuage, en effet, obscurcissait son horizon : quitter sa mère, celle qui, depuis vingt-neuf ans, ne vivait que pour elle, et lui prodiguait des soins si attentifs, si dévoués ! Cette commune douleur est plus facile à sentir qu'à exprimer. On verra plus bas ce que, pour l'adoucir, l'affection filiale inspira à ce bon cœur.

Une dernière fois elle voulut voir l'un après l'autre les membres de sa famille, pour leur faire de tendres adieux et leur donner rendez-vous au ciel. D'avance elle leur destina de pieux souvenirs.

Dieu voulait par un redoublement de souffrances mettre la dernière main à son ouvrage. Alors, quand la malade pouvait articuler péniblement quelques paroles, c'était pour dire d'une voix entrecoupée : « Mon Dieu, tout pour vous ! » Quand elle ne le pouvait pas, et pendant toute la durée de ses crises, son regard ne quittait pas l'image du Sacré Cœur ou celle de Jésus agonisant. En réalité, le Sauveur lui faisait éprouver quelque chose de ses angoisses au jardin des Olives. Un certain moment, les étouffements devinrent si pénibles qu'elle s'écria : « Mon Dieu, je vous ai demandé de souffrir le possible, mais non l'impossible ! »

Cette parole lui causa du remords ; et pourtant elle reconnut que c'était non un murmure, mais une plainte filiale. Ce fut en effet dans une de ces crises suprêmes que sa mère l'entendit prononcer ces paroles vraiment héroïques : « Mon Dieu, tout ce que vous voudrez, autant que vous le voudrez, et aussi longtemps que vous le voudrez. »

Louise semblait avoir atteint, selon la prière qu'elle en avait faite, le degré d'amour que Dieu lui avait destiné ; sa tâche était donc finie, et tout heureuse de l'annonce de sa prochaine mise en liberté, elle répétait souvent ce mot délicieux de sainte Térèse : « Mon Dieu, nous allons donc enfin nous voir. »

Elle avait toujours désiré mourir un jour de communion et après un acte d'amour. Cependant on était au mercredi, 6 juin, et la communion ne devait lui être apportée que le lendemain. Plusieurs fois dans cette journée, Louise, pour pouvoir atteindre ce moment, s'efforça de prendre de la nourriture.

Son médecin étant venu dans l'après-midi :

« Vivrai-je encore jusqu'à demain ? lui demanda-t-elle.

— Vous prierez Dieu pour moi, fut la réponse du docteur.

— Oh ! oui, dit-elle, je prierai Dieu de vous récompenser de tout le dévouement que vous avez mis à me soigner. »

On avait compris : le lendemain elle serait près de Dieu. On courut donc à la paroisse, et pendant ce temps, « Mon Dieu, s'écria Louise, vous refuserez-vous à venir à moi une dernière fois ? » Et deux larmes coulèrent de ses yeux. Notre-Seigneur ne pouvait se refuser à de si ardents désirs. A huit heures du soir, l'un des vicaires, avec sa bonté habituelle, apporta le Pain des forts à la courageuse enfant, et il fut vrai à la lettre que cet Ami fidèle tint compagnie jusqu'à la dernière heure à celle qui l'avait si vaillamment servi : il ne s'écoula qu'une heure entre sa dernière communion et sa mort.

Un quart d'heure avant l'instant suprême, son confesseur dut encore rassurer cette conscience timorée ; et Louise Charvet alla terminer son action de grâces au ciel, le mer-

credi de l'octave du très saint Sacrement, avant-veille de la
fête du Sacré-Cœur, ces deux constants objets de son plus
ardent amour. Elle était dans sa vingt-neuvième année.

# VII

**Après sa mort.**

La vierge du Seigneur avait fait promettre à sa mère
de ne laisser à aucune main étrangère le soin de rendre les
derniers devoirs à son corps. On conçoit avec quelle respec-
tueuse tendresse celle-ci s'acquitta de sa tâche douloureuse.
Une amie déposa sur le cercueil une couronne de roses
blanches récemment cueillies, dont le parfum rappelait à
toutes les personnes qui vinrent la visiter, celui de ses angé-
liques vertus.

Apôtre jusqu'à la fin, elle avait dicté ce que l'on devait
écrire sur sa tombe :

*O Crux, ave, spes unica !*
*O Croix sainte, à ton ombre je repose et j'espère.*

Au-dessous, ces paroles de saint Bernard :
*Une enfant de Marie ne périra jamais.*

C'est le sacré Cœur qu'elle choisit pour son image mor-
tuaire, avec ces paroles de deux Saints, que son zèle eût
désiré faire lire et goûter à tout le monde :

*Oh ! qu'il est doux de mourir après avoir eu une constante dévotion au Cœur de Celui qui doit nous juger !*

*Ceux-là seuls qui ont été à Dieu sans réserve doivent s'attendre à mourir avec douceur.*

Ainsi parlait encore du fond de la tombe cette âme embrasée. L'on va voir maintenant si la piété chrétienne y avait éteint la piété filiale.

Quelle ne fut pas l'émotion de Madame Charvet, quand, parmi les objets pieux dont la chambre de Louise était remplie, elle trouva, outre une sorte de testament spirituel signé de son sang, une lettre à son adresse destinée à être ouverte après sa mort! Ingénieux moyen imaginé par ce cœur délicat, pour se survivre en quelque sorte auprès de sa mère, et s'entretenir encore avec elle du haut du ciel.

Voici quelques passages de cette lettre que nous avons sollicité la permission de transcrire :

« MA TROP BONNE MÈRE,

» Ayant depuis assez longtemps le pressentiment d'une fin prochaine, c'est pour mon cœur un vrai soulagement de déposer sur ce papier l'expression de mes sentiments pour toi. Quand tu me liras, mère chérie, je t'aurai quittée, et il me semble que ce sera une consolation de m'entendre encore te parler ; car, tu peux en être sûre, ce que je te dis ici, je te le dirai de nouveau du haut du ciel que j'attends de la miséricorde infinie du bon Dieu.

» Mère bien-aimée, laisse-moi d'abord t'adresser un merci du fond du cœur pour ton dévouement incomparable : tu as été le modèle des mères, tu as fait pour moi le possible et l'impossible ; j'apprécie tout ce qu'il y a de tendre et de délicat dans tes soins ; je le reconnaîtrai là-haut, et le bon Dieu te le rendra au centuple. Il m'est bien dur de penser à ton isolement ; j'ai presque du scrupule d'acheter mon bonheur au détriment du tien, mais Dieu le veut ainsi ; tu as toujours été si admirable d'abnégation, d'oubli de toi-même, que, j'aime à le croire, tu ne te démentiras pas après ma mort, et tu ne voudras pas assombrir ma béatitude par un manque de résignation.

» Oh ! bonne mère, promets-moi que tu feras généreusement ton sacrifice, que tu diras ton *fiat* du fond du cœur, ce *fiat* que j'ai tant aimé à redire et qui a fait toute ma consolation. Du reste, notre séparation ne sera qu'apparente ; n'y a-t-il pas entre nos deux âmes des liens indissolubles et immortels ? ne sommes-nous pas assurées de nous rencontrer toujours auprès du Bon Maître ? Et puis, lorsque par les mérites infinis de Notre-Seigneur je serai entrée au ciel, je solliciterai la faveur d'être ton second ange gardien : oh ! avec quelle tendresse je veillerai sur toi, bonne mère, comme je demanderai avec ardeur ta consolation, ta sanctification et notre éternelle réunion ! Oui *bientôt*, entends-tu, nous nous retrouverons pour *toujours*, quelques années sont si peu de chose en face de l'éternité ! Ce n'est pas un adieu qu'il faut nous dire, c'est au revoir, à bientôt....

» Nous ne formions qu'un sur la terre; aussi, tandis que tu le loueras par moi au ciel, moi j'aurai la joie de le servir encore par toi. Jamais, mère chérie, tu ne rempliras mieux mes désirs qu'en te montrant forte et résignée, qu'en renouvelant le plus souvent possible et du fond du cœur l'acceptation de ton sacrifice.

» Allons, mère bien-aimée, du courage ; songe à tout ce que notre bon Sauveur a fait pour nous, et à ce qu'il est en droit d'attendre en retour. Regarde souvent ton crucifix pour y unir tes peines; plus tu lui ressembleras sur la terre, et plus ta récompense sera grande dans le ciel. Je t'y donne rendez-vous, et pour bientôt peut-être. Ne regarde que le jour présent, sans vouloir percer l'avenir; chaque jour amène avec lui sa mesure de grâces pour accepter la croix, et que savons-nous si le lendemain ne sera pas le jour de l'éternelle récompense?

» J'offre dès à présent le déchirant sacrifice qu'il me faut faire en te laissant seule, afin qu'il soit pour toi une source de grâces et de consolations.

» A Dieu, bonne mère, et à bientôt, je t'attendrai au ciel.

» Ta Louise affectionnée et reconnaissante. »

Tout le cœur de Louise est dans cette lettre. Ne dirait-on pas l'hymne de la tendresse filiale chanté par un cœur plein de Dieu sur le bord de la tombe ou mieux sur le seuil du ciel.

Qu'elle s'y repose maintenant de toutes ses souffrances, nul n'en doutera; et qu'elle y continue à l'égard des siens son rôle de dévouement, c'est ce dont elle semble leur avoir donné de consolantes preuves. Toute sa vie Louise sollicita de Dieu la conversion d'une âme qui lui était bien chère, et Dieu parut toujours sourd à ses ardentes prières. A peine, au contraire, eut-elle quitté la terre, que la personne dont nous parlons, touchée d'un repentir subit, pénétrée d'une grâce extraordinaire, expira dans les sentiments les plus chrétiens. Ce n'est pas le seul fait qui nous ait encouragés à réclamer l'intercession de la chère défunte.

Quoi qu'il en soit, remercions le Seigneur de nous avoir permis de voir de près une des fleurs de son paradis, que souvent, en Dieu jaloux, il dérobe à nos regards derrière les voiles du cloître. Il s'est bien hâté de nous la reprendre : mais cette image reste gravée dans nos âmes en traits ineffaçables. A nous maintenant de les reproduire en notre vie, pour n'être pas là-haut trop indignes de sa compagnie.

Vous nous y aiderez, sainte et aimable enfant; vous voudrez continuer là-haut votre doux apostolat; vous y attirerez, avec votre mère, tous vos parents, vos amis, celui qui écrit ces lignes et ceux qui les liront. Le Bien-Aimé de votre âme, à qui vous parlez désormais face à face, ne refusera pas cette grâce à celle qui ne lui refusa jamais rien sur la terre.

# TABLE


I.    Enfance de Louise. — Ses attraits naturels.  .     6

II.    Louise et le prochain.  .     .    .    .     8

III.   Louise et son Dieu.     .    .    .     10

IV.   Louise et ses amies.     .    .    .     15

V.    Louise et l'Eglise.     .    .    .     24

VI.   Sa fin.  .    .     .    .    .     27

VII.  Après sa mort.     .    .    .    .     32


— Lille. Typ. J. Lefort. 1880 —